¿Dónde viven los ANIMALES?

CONTENIDOS

Sigue tu viaje

Los globos terráqueos
que encuentras al inicio
de cada sección te indican
en qué punto estás en
tu viaje a través del
reino animal.

N

O

S

EL NORTE HELADO

Es primavera en el Ártico, el lugar más al norte del planeta. Esta región salvaje cambia radicalmente de una estación a otra y, aunque muchas criaturas van y vienen, algunos animales son capaces de vivir aquí durante todo el año. La primavera trae el calor suficiente para derretir la nieve del invierno, y los cachorros de zorro ártico dan sus primeros pasos en el frío mundo de fuera de su guarida.

Lemming

Hogar familiar ➤

Los zorros viven en madrigueras subterráneas que pueden albergar a una gran familia. Las mejores son utilizadas por generaciones durante siglos y pueden llegar a tener 150 túneles y entradas.

La tundra ártica se extiende por el norte del planeta a través de Alaska, Canadá, el norte de Europa y Rusia.

Los cachorros se quedan en su madriguera sin salir hasta que tienen un mes.

En un buen año, con muchos lemmings disponibles para alimentarse, una pareja de zorros podría criar más de diez cachorros.

Sobre el hielo ➤

El frío suelo del Ártico nunca se descongela del todo. Incluso en la breve estación cálida, solo la franja más cercana a la superficie se derrite. Los zorros excavan en ella sus madrigueras, por encima del permafrost.

El sol del verano

Pasan los meses y los días son más largos. En el verano ártico, el sol no se pone y la temperatura sube solo hasta justo por encima del punto de congelación. Llega el momento de que las plantas florezcan, zumben las abejas y los cachorros se conviertan en zorros antes del próximo invierno.

Mósquitos

Juego infantil ➤

Jugar es importante para un joven zorro. Las disputas entre hermanos y la persecución de mariposas o abejas los ayudan a aprender las habilidades de caza a medida que crecen.

Liebre ártica

Cada año, el charrán
ártico viaja del Ártico a
la Antártida y regresa.

La tundra
se despierta ➤

El hábitat ártico es la tundra. Un árbol
no puede crecer en el suelo congelado,
así que solo hay plantas pequeñas.
Nuevos brotes alimentan a los caribúes
que han viajado al norte para dar
a luz a sus crías.

Caribú

Los cachorros crecen
en los días sin nieve. Comen
pequeños mamíferos, como
liebres y lemmings.

Una larga noche

Al terminar el verano, los días se hacen más cortos
y fríos. En invierno nunca sale el sol, pero la luz de la
aurora, brillante y colorida, llena el cielo nocturno.
Los zorros ya se han desarrollado del todo y su
espeso pelaje se ha vuelto blanco para confundirse
con la nieve. Necesitarán sus dotes de caza para
atrapar a sus presas escabulléndose entre la nieve
si quieren sobrevivir hasta la primavera.

EN LO MÁS ALTO

En lo alto de las Montañas Rocosas, una pareja de águilas calvas cuida su nido. Más abajo, el río avanza, entre las rocas y los árboles, hacia el océano. Estos sinuosos rápidos son el área de caza perfecta para que las águilas consigan alimento para sus hambrientos polluelos.

Nido con vistas ➤

Las águilas anidan siempre cerca del agua. Vuelven al mismo nido cada año, y añaden ramas para hacerlo crecer. Los nidos más grandes pesan tanto como un rinoceronte.

Las Montañas Rocosas se extienden miles de kilómetros a lo largo del oeste de Norteamérica.

Vida en la cima ➤

Tras más de un mes de incubar los
huevos en el nido, han nacido dos
hambrientos polluelos. No tardarán
en saciar el apetito, pues sus
padres son hábiles cazadores.

Con su enorme envergadura, el águila calva planea con las corrientes.

En el valle

Los bosques de pinos de las escarpadas laderas de las Rocosas están llenos de ciervos, cabras, osos, lobos y muchos otros animales más pequeños. El águila calva podría cazar casi cualquier animal en estas montañas, pero se especializa en la pesca. Mientras baja en picado por el valle, está atenta al río.

En el río

Los fríos ríos de montaña están repletos de truchas. Muchos de estos peces han viajado desde la costa del Pacífico para reproducirse. Pero, con las águilas al acecho en lo alto que salen a cazar para sus polluelos y los osos del bosque, solo los más afortunados podrán volver al océano.

Los alces son los ciervos más grandes. Se alimentan de plantas en la orilla del río.

Alce

Pescadoras ➤

Las águilas calvas son muy aptas para la pesca. Sus patas desnudas se secan rápidamente tras sumergirse en el agua, y sus afiladas garras las ayudan a sujetar sus resbaladizas presas mientras regresan al nido.

Castor

Los diques de castor más grandes podrían verse desde el espacio.

Arquitectos animales

Los castores son grandes constructores. Con sus dientes afilados cortan árboles para construir sus madrigueras. Incluso pueden hacer más profunda el agua alrededor de estas, para que sean más seguras, construyendo diques en el río.

Madriguera de castor

Oso negro

El oso negro come de todo, desde miel hasta bayas, pero las truchas le encantan.

ISLAS REMOTAS

A cientos de kilómetros de la costa de América del Sur, un grupo de picos rocosos se eleva sobre las aguas del océano Pacífico. Son las islas Galápagos, el hogar de extraños animales que no se encuentran en ningún otro lugar de la Tierra.

Las rocas que rodean las islas están bañadas por la luz del sol, que hace crecer las algas marinas.

Las islas Galápagos están formadas por un total de 21 islas.

Lagarto buceador ➤

La iguana marina es el único lagarto que nada y se alimenta en el mar. Su apetito la hace sumergirse bajo las frías olas, donde come algas. Pero no debe permanecer allí demasiado tiempo.

Aguas gélidas
en el trópico ➤

A pesar de que las islas Galápagos se encuentran en el ecuador, donde hace calor, las corrientes de agua que llegan directamente de la Antártida hacen que el agua esté muy fría. Eso explica por qué nadan aquí los pingüinos, pero otros animales no lo tienen tan fácil.

El pingüino de las Galápagos se beneficia mucho de las corrientes frías, que traen muchos peces.

Iguana marina

Donde la tierra y el mar se encuentran

Pasar demasiado tiempo en el agua helada es peligroso para un lagarto de sangre fría. Tras salir a la superficie con el estómago bien lleno, las iguanas marinas deben encaramarse a una roca para tomar el sol y calentarse. En las playas de las Galápagos, las criaturas más insólitas habitan en la tierra seca.

Los piqueros patiazules muestran sus coloridos pies en un baile de cortejo.

Acantilados y rocas dan sombra y cobijo a las focas.

En la playa ➤

Los lobos marinos peleteros, de sangre caliente, pueden permanecer en el agua fría durante más tiempo que las iguanas, pero para pescar deben adentrarse en aguas más profundas infestadas de tiburones. Para ellos, volver a la orilla significa seguridad y descanso.

Lobo marino
peletero

En tierra firme ➤

Parientes de las iguanas marinas, las terrestres mantienen secos sus pies en el árido paisaje de las Galápagos. Pasan la mayor parte del tiempo en el interior, donde su dieta es muy distinta a las algas marinas.

Pingüino de
las Galápagos

...zapayas se alimentan
...lgas y saltan de roca
...roca para evitar las
olas fuertes.

Iguana terrestre

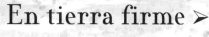

19

Unas islas únicas

Las islas Galápagos fueron tiempo atrás volcanes submarinos que entraron en erupción en el fondo del océano hace millones de años. Los animales que llegaron a estas islas remotas han evolucionado durante mucho tiempo de forma única.

Las tortugas de las Galápagos viven más de 100 años.

Tortuga de las Galápagos

Los nopales crecen bien bajo el sol abrasador. A las iguanas terrestres les gusta su fruta.

Gigantes isleños

Las enormes tortugas de las Galápagos descienden de tortugas más pequeñas que vivían en Sudamérica y llegaron a las islas flotando en las corrientes oceánicas. Pudieron crecer tanto en parte porque no tienen depredadores.

Pinzón de Darwin carpintero

Los pinzones de Darwin carpinteros usan espinas de cactus como herramientas para ensartar insectos y sacarlos de las grietas.

ENTRE LA NIEBLA Y LOS ÁRBOLES

El ancho y sinuoso río Amazonas atraviesa el continente sudamericano. Está rodeado de una exuberante selva tropical en la que enormes árboles se levantan hacia el cielo, dando alimento y refugio a millones de animales. El bosque, abajo, es colorido, poblado y ruidoso, pero entre el ajetreo y el bullicio vive una de las criaturas más lentas del mundo...

El río Amazonas nace en las montañas de los Andes y desemboca en el océano Atlántico.

Lento y constante

Esta pausada criatura es un perezoso de tres dedos. Es el mamífero más lento del mundo, pues ahorrar energía es clave para su supervivencia. El perezoso vive a su propio ritmo, pero una vez por semana debe embarcarse en un descenso épico.

Los perezosos tienen más huesos en el cuello que el resto de los mamíferos, así que pueden retorcer más la cabeza.

Vivir en las alturas ➤

Los perezosos pasan casi toda su vida en lo alto de los árboles, comiendo hojas y durmiendo. Pero llega un momento en el que la digestión termina y tienen que bajar al suelo... para hacer sus necesidades. Es un viaje peligroso para esta cuidadosa criatura.

Las hojas duras y gomosas que comen no son demasiado nutritivas, por lo que los perezosos deben ahorrar la energía.

Sus largas garras
les permiten colgarse
de las ramas.

Polilla del perezoso

Vivienda gratis ➤

Como los perezosos están quietos
mucho tiempo, los líquenes, los escarabajos
y las polillas pueden vivir en su peluda piel.
Los líquenes los ayudan a confundirse
con los árboles.

Vivir en lo alto

Los altos árboles de la selva son como un vecindario en el que todos viven apiñados y llevan vidas muy distintas. Al bajar hasta el suelo del bosque, el perezoso pasa ante muchos de sus ruidosos vecinos.

Mono aullador rojo

Los monos se desplazan de árbol en árbol agarrándose a las ramas vecinas con sus largas extremidades.

Mono ardilla

Evitar... ➤

La lentitud del perezoso es una ventaja en el bullicio de la selva. Arrastrarse de rama en rama lo ayuda a evitar ser visto por las águilas arpías, los ocelotes y otros cazadores hambrientos.

El perezoso se mueve con cautela por la selva sin ser visto.

... ser visto ➤

Depredadores como el águila arpía están siempre al acecho. Como los perezosos son tan cautelosos para pasar desapercibidos, los monos son un blanco más evidente. Cuando el águila ve a su presa, vuela hacia ella con las garras extendidas.

Mico
bebeleche

Águila arpía

Uacarí
calvo

Mono
araña

Algunos monos
pasan toda su vida
sin ni siquiera
pisar el suelo.

El ocelote duerme
todo el día en un
árbol y se despierta al
anochecer para cazar.

27

El suelo de la selva

Tras su largo descenso, el perezoso llega por
fin al suelo del bosque. Va siempre al mismo
lugar para hacer sus necesidades y las deja
bien enterradas. Con tantos depredadores
al acecho, bajar del árbol es peligroso.
El perezoso debe regresar a la seguridad
lo antes posible.

Morfo
azul

El suelo de la selva es oscuro y sombrío porque
los árboles evitan que buena parte de la luz llegue a él.

Rana venenosa
de tres rayas

Los caimanes están
al acecho, listos para
atacar a sus presas.

Vivir junto al río ➤

El río Amazonas es una fuente
importante de alimentos y agua,
pero también de peligros.
Los caimanes están siempre alerta
y las mortíferas pirañas nadan bajo
la superficie.

Caimán de
anteojos

28

Boa
esmeralda

Jaguar

En el suelo del
bosque hay serpientes,
insectos y muchas
otras criaturas.

Gato mortal

El jaguar es el mayor depredador
del Amazonas. Muerde más fuerte
que cualquier gran felino y caza
cualquier animal en el que pueda
hincar el diente, como perezosos,
capibaras e incluso
caimanes.

Tapir

Capibara

Hay setas en la
selva que brillan
en la oscuridad.

Energía solar ➤

La vida en el océano comienza en la superficie. La luz del sol da energía a las pequeñas algas que flotan allí y que sirven de alimento para los animales marinos. Las algas están principalmente cerca de la superficie, donde la luz es más intensa.

EN PLENO OCÉANO

La mayor parte de nuestro planeta está cubierta por un océano que se extiende hasta donde alcanza la vista. Este es el punto en que la vida aérea se encuentra con la acuática: las aves marinas se lanzan en picado para pescar, los delfines saltan sobre las olas y una enorme ballena toma aire justo antes de zambullirse.

La Tierra tiene cinco océanos: el Atlántico, el Pacífico, el Índico, el glacial Ártico y el glacial Antártico. Pero están todos conectados entre sí.

Medusa aguijón malva

Lejos de la orilla ➤

La mayoría de las aves marinas
están cerca de la costa, pero algunas,
como los albatros y las pardelas,
se adentran mucho en el océano
para capturar peces y calamares.
Sus largas alas les permiten
planear con suavidad con
la brisa marina.

Pardela

Delfines nariz
de botella

En mar abierto,
es más fácil que
encuentre alimento
un grupo de delfines
que uno solitario.

En equipo ➤

Se requiere inteligencia, fuerza y
habilidad para sobrevivir aquí. Los
delfines usan una especie de sonar
(ecolocalización) para buscar peces,
y se coordinan para agruparlos en
bancos más apretados para que sea
más fácil hacerse con un bocado.

31

En las profundidades

Algunos gigantes oceánicos son tan grandes que no les basta con una ración de pececitos, especialmente si tienen que cuidar de una cría de dos toneladas. Un cachalote hembra alimenta con leche a su bebé, pero también necesita comer. La presa más grande se esconde en la oscuridad de abajo...

Gran cazador ➤

Un cachalote adulto puede pesar hasta setenta toneladas, cien veces más que un oso polar, el depredador terrestre más grande. Al igual que los delfines, se sirven del eco para detectar a sus presas.

Los jóvenes cachalotes no pueden sumergirse tanto com[o] los adultos. Mientras la madr[e] caza en las profundidades, deja a su cría al cuidado de otras hembras adultas cerca de la superficie.

El espiráculo, un agujero que tienen en la cabeza, les permite respirar cuando nadan por la superficie.

Un cachalote puede llegar a ser más grande que un autobús.

Larga crianza ➤

Hacen falta dos años para que una cría de cachalote crezca. Durante todo ese tiempo, y a veces incluso más, la cría depende de la leche materna. Cuando un cachalote se separa finalmente de su madre, tiene una larga vida por delante: el cachalote más antiguo que se ha encontrado tenía 77 años.

Los cachalotes tienen el cerebro más grande de todo el reino animal.

Heridas de guerra ➤

¿Qué tipo de criatura podría satisfacer el gran apetito de un cachalote? Las misteriosas cicatrices en la piel nos hablan de feroces batallas en las profundidades mientras buscan comida.

Duelo de gigantes

Mamá cachalote se sumerge en las profundidades.
Aguantando la respiración más de una hora, se
sumerge en la oscuridad en busca de calamares.
A veces se encuentra con un auténtico monstruo:
el calamar gigante está armado con ventosas
de bordes dentados y no se rinde sin luchar, pero
ella se impone por su tamaño y fuerza. Volverá
después junto a su cría con el estómago lleno,
pero con algunas cicatrices más.

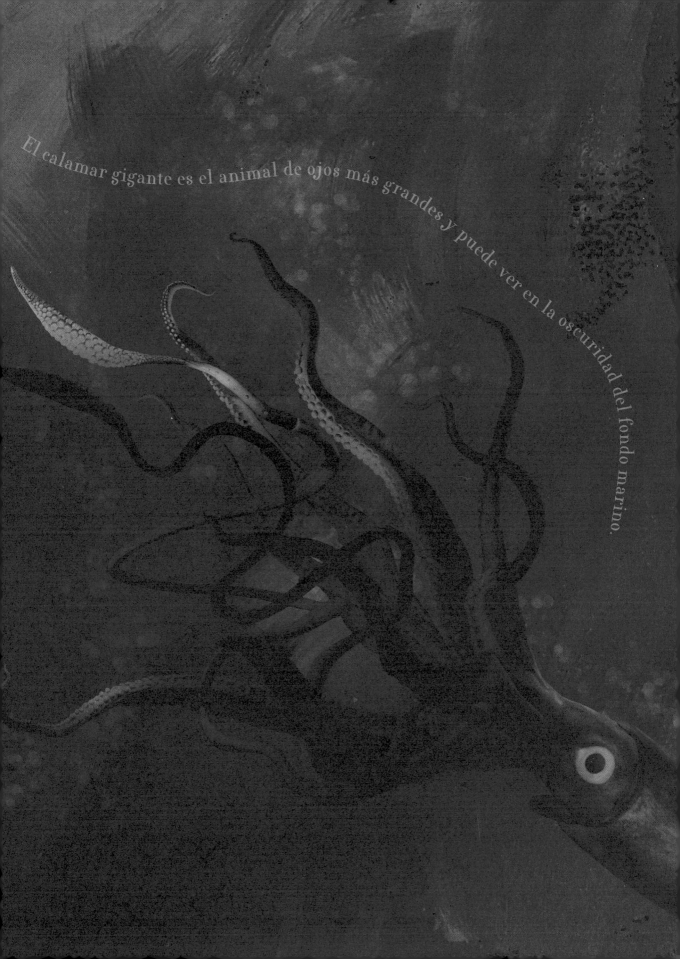

El calamar gigante es el animal de ojos más grandes y puede ver en la oscuridad del fondo marino.

EL CAMPO SECRETO

Alrededor de las ciudades y pueblos, los animales encuentran áreas de naturaleza donde vivir. Muchos de ellos, como los pequeños ratones espigueros, viven muy cerca de los humanos en granjas, campos y arbustos, pero a menudo pasan desapercibidos. Al ponerse el sol, los ratones se preparan para una noche de trabajo.

Durante el invierno, los ratones espigueros se refugian en la calidez de sus madrigueras subterráneas, pero no hibernan.

Nidos de verano ➤

Antes de que los humanos tuvieran cultivos, los ratones espigueros vivían entre juncos. Algunos todavía lo hacen, pero muchos anidan ahora en los trigales. En el momento de la siega se trasladan a los arbustos y construyen nuevos nidos.

El continente europeo está muy poblado y lleno de ciudades. Los hábitats se reducen y los animales deben cambiar su forma de vida para sobrevivir.

Un ratón espiguero adulto cabe fácilmente en la palma de una mano.

Gran trepador ➢

Llegar a la parte superior de una espiga para comer parece imposible para un ratón tan pequeño. Pero los ratones espigueros son unos grandes trepadores. Se agarran al tallo con manos y pies, y enroscan la cola para evitar caerse.

Las crías de ratones espigueros crecen muy deprisa y ya pueden trepar a los diez días de vida.

Vivir de noche

Al oscurecer, los animales que se alimentan de día se duermen y un mundo de animales nocturnos se despierta. Los ratones espigueros se sienten más seguros bajo el manto de la oscuridad, pero aun así deben tener cuidado para no ser vistos: los cazadores nocturnos también están despertándose.

Tejón

Caballo

Una gran familia >

Los ratones espigueros son pequeños pero forman grandes familias, de hasta ocho crías. Los recién nacidos beben leche de su madre, pero al cabo de una semana, esta les traerá semillas, frutas y raíces para comer.

La lechuza ➤

Las lechuzas comunes anidan en huecos de árboles, agujeros de acantilados y edificios antiguos. Si tienen polluelos que alimentar, salen a cazar todas las noches.

Muchos depredadores nocturnos, como los zorros rojos, tienen muy buena vista u oído para localizar a sus presas.

Ardilla roja

Zorro rojo

Cazadora nocturna

Sus grandes ojos redondos permiten a la lechuza
ver todos los detalles en la noche cerrada, solo con la
pálida luz de la luna. Pero su sentido del oído es aún
más agudo que su vista, pues puede oír el más leve
movimiento de sus presas. Cuando ha localizado su
objetivo, esta cazadora nocturna se lanza en picado,
sigilosamente, con sus garras listas.

Un nuevo día

Cuando sale el sol, la lechuza regresa a su nido. Mientras se acomoda para descansar durante el día, otras criaturas del campo se desperezan. Los estanques son el lugar de reunión matinal de muchos animales.

En el estanque ➢

Los estanques son el hábitat de muchos animales acuáticos: peces, patos y ranas viven en el agua. Pero también atraen a los depredadores, como la garza real.

Garza real

Patos

Libélula emperador

Las garzas están tan quietas que los peces no pueden verlas hasta que ya es demasiado tarde para huir.

Aunque el ciervo vive
en el bosque, se acerca
a menudo al estanque
para beber.

Gamo

Rana común

Amanece

Los ratones espigueros están
más ocupados cuando amanece y
anochece. Ahora que las lechuzas ya
no están, pueden buscar comida
antes de regresar al nido para
pasar el día.

VIAJE SOBRE LAS DUNAS

Como muchas aves migratorias, estas golondrinas vuelan hacia el sur en invierno. Su viaje comenzó en algún lugar del norte de Europa y continuó en la península ibérica, para llegar después al desierto del Sahara en el norte de África, uno de los lugares más secos de la Tierra. Hasta donde alcanza la vista no hay más que arena... hasta que, por fin, aparece un oasis en el horizonte.

El Sahara es el desierto cálido más grande del mundo. Ocupa un tercio del continente africano.

Las veloces golondrinas
son expertas en atrapar
las moscas que vuelan
sobre el agua.

Nueva etapa

Una vez que han capturado
suficientes moscas, las golondrinas
están listas para partir de nuevo.
Se dirigen hacia el sur, esta vez a
través de la selva del Congo, para
esperar el invierno en el cálido
sur de África.

Bebida mortal

El agua del oasis es tan salada que las golondrinas
no pueden beberla, pues morirían. Pero estos pájaros
saben qué hacer. El aire está lleno de moscas de ribera
que beben el agua salada y filtran y eliminan la sal.
Las golondrinas se comen las moscas, lo que apaga
su sed lo suficiente como para atravesar el desierto
y completar su largo viaje.

Las hienas moteadas y otros depredadores acechan para capturar a las crías desatendidas.

Hiena moteada

LAS GRANDES PRADERAS

Cebra de Grant

Al sur del ardiente Sahara están las praderas del Serengueti, donde se encuentra una de las mayores concentraciones de animales terrestres del mundo. Es un santuario para las cebras y los ñus, y en la temporada de reproducción llegan más de 400 000 crías. Pero poco después del nacimiento de las nuevas crías, los rebaños deben emprender un largo viaje.

Generalmente, las crías nacen por la mañana, lo que les da muchas horas de luz para aprender a andar.

El Serengueti es una sabana de praderas en Tanzania y Kenia.

Reproducción ➤

Cuando las cebras y los ñus se reproducen, se aseguran de que sus crías nazcan en el mejor momento y en el lugar ideal. En el sur del Serengueti es después de las lluvias, cuando hay mucha hierba para pastar.

Ñus

Nacidas para caminar ➤

Las crías de cebra nacen tras un embarazo de un año. Pero en menos de una hora, sus tambaleantes patas son lo bastante fuertes para permitirles mantenerse en pie y caminar con la manada.

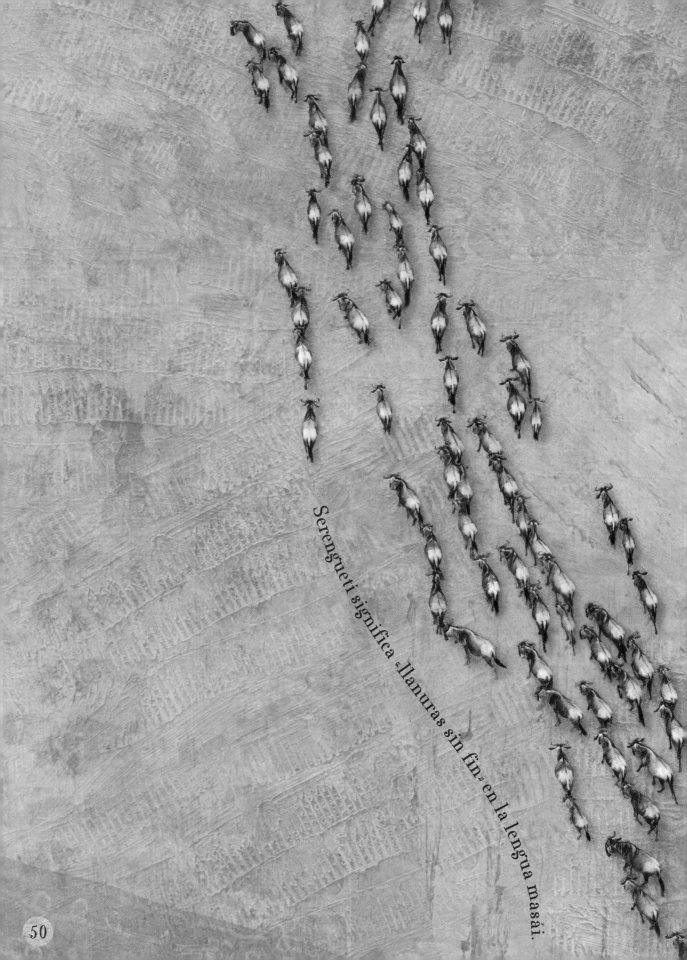

Serengeti significa «llanuras sin fin» en la lengua masái.

La gran migración

Con el paso de los días, las llanuras del sur
se secan y pronto desaparece la hierba. Pero
un trueno lejano anuncia nuevas lluvias en el
horizonte. Las cebras ya se fueron y los ñus, que
dieron a luz más tarde, se ponen en marcha junto
con sus crías. La gran migración va en
busca de hierba fresca.

Desafiar el río

Dos ríos se interponen en el camino hacia la hierba verde. Ambos son profundos y traicioneros y los hambrientos cocodrilos acechan bajo sus aguas embravecidas. El rebaño conoce el peligro, pero no tiene otra opción que continuar. Los animales bajan en estampida por las escarpadas orillas del río para cruzarlo.

Las pezuñas no son ideales para el río, pero una vez en el agua, las cebras y los ñus nadan bastante bien.

Carroñeros ➤

Cuando han terminado de cruzar, miles de animales habrán llegado a la seguridad de la otra orilla. Pero muchos se habrán ahogado en el tumulto. Los carroñeros, como los buitres, se abalanzan sobre los cuerpos que flotan.

Cuando los primeros animales se deciden a dar el paso, el resto les sigue enseguida.

Un viaje sin fin

Cuando llega al punto más septentrional de su viaje, la manada es premiada con toda la hierba fresca que pueda comer. Pero la tierra pronto se volverá marrón con el calor seco del verano, y cebras y ñus volverán a seguir las lluvias hacia el sur para repetir el ciclo.

Leones

En el territorio ➤

A diferencia de las manadas, que van y vienen, los leones y otros depredadores se mantienen en sus territorios. Los leones viven en grupos. La migración les trae mucha carne fresca para alimentar a sus familias.

Sedentarias

Las jirafas no siguen la gran migración: no podrían aunque lo intentaran. Sus largas patas no son adecuadas para cruzar el río. En cambio, soportan bien la estación seca comiendo las hojas de las altas acacias.

Jirafa masái

Gacela de Grant

Los babuinos utilizan el ingenio y la oportunidad para sobrevivir durante la estación seca escarbando y comiendo corteza y goma de árbol.

Babuino

EL BOSQUE DE BAMBÚ

En las remotas colinas del centro de China, el río Yangtsé sigue su sinuoso curso hacia el mar. En estos bosques exuberantes y frescos, entre los árboles y el bambú, vive un oso tan celebre como reservado.

El Yangtsé es el río más largo de Asia. Discurre entre las montañas Qín hacia el mar de la China Oriental.

Manjar favorito ➤

Aunque es muy duro, a los pandas les encanta el bambú. Escogen los brotes y tallos que son más fáciles de digerir y tienen el tamaño adecuado para agarrarlos, luego se sientan y se pasan el día masticando.

El bambú es una hierba gruesa, hueca y leñosa que puede alcanzar una gran altura.

El oso del bambú

El panda gigante está bien adaptado al bosque en el que vive. Es prácticamente vegetariano y solo come bambú. Aunque se hace todo lo posible por evitar que los pandas se extingan, no quedan muchos en libertad. Los bosques en los que viven están protegidos para que las nuevas crías no corran peligro.

Buscar pareja ➤

Tras pasar los meses más fríos en las tierras bajas para evitar la nieve, en primavera los pandas regresan a las colinas para buscar pareja. Marcan los árboles con su olor y ahuyentan a otros pandas con sus gritos.

Una nueva familia

Cuando un panda encuentra la compañera ideal,
la pareja permanece unida durante unos días
antes de aparearse. Después de eso, se separan.
En unos meses, la hembra dará a luz en una
madriguera a un cachorro pequeño e indefenso.

Al nacer, el panda es rosado y casi sin pelo.

Crecer en el bosque

Tras dar a luz, la osa cambia de madriguera varias veces, y lleva delicadamente a su cría agarrándola con la boca. El cachorro permanece junto a su madre durante casi dos años, hasta que llega el momento de independizarse.

Papamoscas de David

Langur chato dorado

Pandas rojos

Los pandas rojos y los pandas gigantes comparten nombre y a ambos les encanta el bambú, pero no guardan relación alguna. En realidad, los pandas rojos son parientes de los mapaches.

Panda rojo

El leopardo longibando es el mayor depredador de estos bosques, pero es esquivo y cuesta de ver.

A las tres semanas, los cachorros de panda muestran un suave pelaje blanco y negro.

Faisán dorado

EN LA FRÍA TAIGA

Los grandes bosques de Siberia, en el norte de Asia, están cubiertos casi todo el año por una espesa capa de nieve. El alimento escasea y el invierno es duro para los animales, tanto para las presas que se mueven entre los árboles como para los depredadores que siguen sus huellas en la nieve.

Lobo

El ciervo almizclero se alimenta principalmente de líquenes, pero también come hojas cuando las encuentra.

Ardilla de Siberia

Liebre de montaña

Tesoro intacto ➤

Este hábitat está lejos de pueblos y ciudades. Pese a sus duras condiciones, es un santuario para muchos animales. El abedul y el alerce dan cobijo tanto a los que pastorean como a los que cazan.

La taiga siberiana cubre parte de Rusia, China y otras áreas del norte asiático.

En invierno, el oso pardo busca un lugar donde cobijarse e hibernar.

Búho real

Vivir en la taiga ➤

Con tanta competencia, puede ser difícil encontrar alimentos. Las criaturas del bosque están siempre alerta, pues el más leve sonido puede ser el viento entre las hojas, el susurro de una liebre, o los delicados pasos sobre la nieve de un gran felino que ha salido a cazar.

Tras la pista...

En la nieve que cubre la taiga, las huellas de los animales son valiosas pistas para los depredadores al acecho, como los lobos y los osos. También ellos dejan sus propias huellas al seguir esas trazas.

Las tres marcas de una garra muestran el lugar en el que se ha posado un búho real.

Huellas
de ardilla

Rastro en la nieve ➤

Tanto las presas como los depredadores quedan ocultos entre los árboles. Pero incluso las criaturas más sigilosas dejan huellas al caminar por la taiga. Sus pisadas muestran qué animales han estado allí, qué tamaño tienen.

Manos y pies dejan huellas distintas.

Vía rápida ➤

Cuando caminan tranquilamente, los animales dejan huellas apenas visibles. Pero si se ponen a correr, sus huellas son más profundas y están separadas unas de otras.

Huellas de ciervo almizclero

El peso del gran oso pardo deja una pisada muy profunda.

Huellas fugaces ➤

Incluso las huellas más claras duran poco tiempo. Una nueva capa de nieve las borrará pronto.

El felino más raro del mundo

El esquivo leopardo de Amur busca presas en las profundidades del bosque. Quedan muy pocos ejemplares en libertad, y está en peligro de extinción.

Gran competencia ➤

El leopardo comparte ya la taiga con otros cazadores hambrientos, y los cazadores furtivos humanos empeoran aún más las cosas. Encontrar alimento es cada vez más difícil, y el leopardo debe ir todavía más lejos para comer.

La piel manchada del leopardo es gruesa y lo protege del frío glacial.

De caza ➤

Los leopardos de Amur cazan solos y merodean en busca de presas como ciervos y liebres. Están al acecho y preparan una emboscada, o esperan sigilosamente a sus presas entre los árboles antes de perseguirlas.

Sus garras acolchadas lo ayudan a no hacer ruido en el bosque.

La caza continúa...

A menudo, el leopardo de Amur atrapa a su presa, pero no siempre lo consigue, y entonces debe seguir caminando solo por el bosque a la busqueda desesperada de algo para comer. Quedan tan pocos de estos misteriosos felinos que este cazador solitario no lucha únicamente por su vida, sino por la supervivencia de su especie.

DOS ESTACIONES

Algunos bosques tropicales, como este en la meseta de Khorat en Tailandia, solo tienen dos estaciones. La estación del monzón trae lluvias torrenciales y la estación seca, grandes sequías. Todas las criaturas del bosque, incluido su habitante más grande, deben aprender a hacer frente a estos cambios estacionales.

La estación seca ➤

Pueden pasar semanas sin que caiga ni una gota de lluvia. Pero los ríos raramente se secan, por lo que son un lugar ideal para que los animales beban y se refresquen.

Pitón
reticulada

Leopardo

Ciervo ratón

Alfombra dorada ➤

En la estación seca, los árboles sufren por falta de agua y pierden sus hojas. El suelo del bosque queda cubierto por una gruesa alfombra dorada de hojas secas, que los hongos y los insectos descompondrán pronto.

Los bosques de la meseta de Khorat, en Tailandia, son cálidos durante todo el año.

El oso malayo tiene la lengua inusualmente larga, y la utiliza para lamer la miel y los insectos.

Gibón de manos blancas

Elefante asiático

Los pangolines son los únicos mamíferos con escamas. Olfatean el suelo en busca de hormigas y termitas.

Cálao bicorne

Junto al agua ➤

A los elefantes no les gusta alejarse del agua si no es imprescindible. No solo necesitan beber mucho, sino que estos gigantes son muy juguetones y les encanta bañarse, nadar y rociarse agua entre ellos para refrescarse.

El cocodrilo siamés caza peces y serpientes. No supone peligro para los animales grandes.

Gigantes sedientos

Los elefantes son los animales terrestres más grandes de la Tierra, así que necesitan beber mucha agua, hasta 200 litros de agua diarios, y por eso pasan mucho tiempo junto a ríos y arroyos. En la manada, las hembras son las que mandan. Los machos adultos son solitarios y solo se reúnen con otros elefantes cuando es momento de aparearse.

Gran herramienta ➤

Para beber, los elefantes sorben agua con la trompa y luego se la rocían en la boca. La trompa es una herramienta asombrosa: fuerte para levantar un tronco, pero delicada para sostener y manipular pequeños trozos de comida.

Sambar

Pequeños gigantes

La gestación de los elefantes dura casi dos años.
En estos bosques, las crías de elefante pueden nacer
en cualquier época del año, pero es más probable que
lo hagan después del monzón, cuando las lluvias han
refrescado el bosque y han dejado abundante vegetación
verde y fresca para que los pequeños puedan comer.
Cuando una cría nace, su madre la cuida con la ayuda
de las otras hembras de la manada.

CARRERA HASTA EL MAR

El sol se pone en una tranquila playa de Australia y las diminutas tortugas verdes salen de sus huevos, enterrados en la arena, y se abren camino hacia la superficie. Es un momento peligroso para ellas, y deben alcanzar la seguridad del agua –lejos de las aves y los cangrejos– lo antes posible. La mayoría de ellas nacen por la noche y la oscuridad las ayuda a escapar.

La Gran Barrera de Coral se compone de 2900 arrecifes y 900 islas.

Arrecife multicolor

Las pequeñas tortugas nadan hacia mar abierto y cruzan un arrecife de coral tan grande que se puede ver desde el espacio. La Gran Barrera de Coral es uno de los hábitats más ricos del planeta: alberga 1500 tipos de peces y otros animales marinos. ¿Dónde irán las tortugas después? Nadie lo sabe con certeza...

Las tortugas recién nacidas son del tamaño de una pelota de golf.

Roca viva ➤

El coral puede parecer una colorida roca, pero en realidad es una colonia de pequeños animales llamados pólipos que están conectados entre sí. Crean enormes arrecifes que proporcionan alimento y refugio a muchas criaturas del océano.

Pez ángel
emperador

Tiburón de arrecife
de punta blanca

Pez payaso

El dugongo, pariente marino lejano del elefante, se alimenta de las praderas de algas marinas.

Selvas marinas ➢

En todo el mundo, los arrecifes de coral solo cubren una parte muy pequeña del fondo del océano, pero allí se acumula tanta vida que a veces se dice que son las «selvas tropicales del mar».

Laticauda colubrina

En la Gran Barrera de Coral hay más de 500 tipos de coral distintos.

El retorno

Solo una de cada cien crías de tortuga crecerá hasta convertirse en adulta. Pero pasados 20 años, cualquier tortuga hembra que haya logrado sobrevivir y haya encontrado pareja regresará a la misma playa en la que nació para poner sus propios huevos, haciendo que el ciclo continúe.

Gran nadadora ➤

A diferencia de las tortugas terrestres de ríos y estanques, las tortugas marinas gigantes tienen extremidades en forma de aletas que las impulsan los miles de kilómetros que nadarán durante su vida.

Las tortugas marinas pueden estar horas sin respirar, incluso mientras duermen en el agua.

Viajeras marinas

No se sabe dónde van las pequeñas
tortugas en los primeros años de su
vida, pero llega un momento en el
que se acercan a la costa para
alimentarse de las algas que crecen
en el fondo del mar.

Pez cirujano

Estos peces se alimentan de las algas
del caparazón de la tortuga.

AL FINAL DEL MUNDO

El continente helado de la Antártida es uno de los ambientes más fríos e inhóspitos del planeta. Es un lugar difícil para criar una familia, pero los pingüinos adelaida logran hacerlo, y son millones.

Nido en las rocas ➤

En la Antártida hay poco más que hielo y rocas. No parece fácil hacer un nido. Los pingüinos adelaida se las arreglan recogiendo guijarros para evitar que los huevos caigan rodando.

Una colonia de pingüinos adelaida puede tener 1,5 millones de pájaros.

La Antártida es el continente más meridional del planeta.

Ladrones de piedras ➤

Los pingüinos adelaida machos tratan de impresionar a las hembras construyendo los nidos más grandes. A veces incluso roban guijarros de los nidos vecinos cuando los dueños no están pendientes.

Los pingüinos adelaida ponen dos huevos. Ambos progenitores cuidan de ellos hasta que eclosionan pasado un mes.

En el mar azul

Los padres se turnan para mantener calientes los huevos. Mientras uno vigila el nido, el otro se sumerge en el gélido océano para pescar krill, unas pequeñas gambas antárticas. Las focas leopardo merodean bajo el agua y nadie quiere ser el primero en saltar. Pero los pequeños pingüinos deben comer y hay que decidirse.

Galería de animales

Visita de nuevo los extraordinarios hábitats del reino animal y aprende cosas curiosas de las otras criaturas que viven allí.

Charrán ártico
El charrán ártico es el animal que hace la migración más larga del mundo.

TUNDRA ÁRTICA

Lemming
Para sobrevivir en invierno, los lemmings mordisquean las raíces de las plantas bajo la nieve.

Mosquito
Con el deshielo de los lagos árticos, los huevos de mosquito atrapados en el hielo eclosionan y se forman enjambres.

Caribú
Cada año, durante tres meses, el caribú viaja hacia el norte para pasar allí el verano ártico.

Zorro ártico
El zorro ártico tiene todo el cuerpo recubierto de piel, incluso las plantas de los pies.

Liebre ártica
Como el zorro ártico, la liebre ártica también cambia su color de marrón a blanco en invierno.

ISLAS GALÁPAGOS

Piquero patiazul
El piquero patiazul incuba los huevos cubriéndolos con sus pies para que se mantengan calientes.

Lobo marino peletero de las Galápagos
Estos lobos marinos pueden llegar a veces a las costas de Sudamérica en sus largos viajes de pesca.

Iguana marina
La iguana marina traga agua de mar al comer. Al volver a la superficie la saca de un estornudo.

Pingüino de las Galápagos
Es el único pingüino que se encuentra al norte del ecuador.

Águila calva

Las garras de un águila calva pueden ser más largas que las de un oso pardo.

Alce

A los alces macho les crece cada año un nuevo grupo de enormes cuernos.

MONTAÑAS ROCOSAS

Castor

El castor golpea el agua con su cola plana para avisar a otros del peligro.

Oso negro

El oso negro come de todo: fruta, bayas, miel, insectos, peces...

Tortuga de las Galápagos

Estas tortugas a menudo pastan juntas en grupos. Sisean ante cualquier cosa que las asuste.

Pinzón de Darwin carpintero

Una vez que encuentra una herramienta la conserva para volver a utilizarla.

Zapaya

Estos cangrejos saltarines tienen vientre azul y caparazón naranja.

Iguana terrestre

Los machos mueven sus cabezas para ahuyentar a otros animales.

Águila arpía

El águila arpía tiene las garras más largas que cualquier otra ave.

Mono araña

Este mono se llama así por sus largos brazos y patas.

SELVA AMAZÓNICA

Boa esmeralda

Las crías de la boa esmeralda de los árboles nacen de color naranja o rojo y se vuelven verdes al crecer.

Jaguar

El jaguar es un excelente escalador y sube sus presas a los árboles para comérselas.

Guacamayo azulamarillo

Este pájaro utiliza su fuerte pico para abrir frutos secos.

Guacamayo rojo

Los guacamayos rojos vuelan sobre el dosel de la selva en ruidosas bandadas.

Uacarí calvo

La cara de los uacarís normalmente es rosa, pero se vuelve rojo oscuro cuando se excitan.

Perezoso de tres dedos

Se especializa en trepar a los árboles, pero avanza más deprisa nadando.

Mico bebeleche

Hace agujeros en la corteza de los árboles con los dientes para sorber la savia.

Guacamayo aliverde

Se reúnen en los acantilados para comer arcilla roja, que tiene muchos minerales.

Polilla del perezoso

Sólo deja la piel del perezoso para poner huevos en sus excrementos.

Morfo azul

La parte inferior de sus alas tiene el dibujo de unos ojos, para asustar a los depredadores.

Ocelote

Aunque la mayoría caza en la tierra, también puede pescar.

Rana venenosa de tres rayas

La rana macho lleva los huevos en la espalda hasta que estos eclosionan.

Caimán de anteojos

Este caimán tiene huesos alrededor de sus ojos que parecen unas gafas.

Tapir

Los tapires tienen una pequeña trompa que sacan del agua para respirar cuando nadan.

Mono ardilla

Los monos ardilla viven en grupos sociales de hasta 500 monos.

Mono aullador rojo

Estos monos aúllan tan fuerte que sus reclamos pueden oírse a kilómetros de distancia en la selva.

Carpincho

El carpincho es el roedor más grande el mundo.

Delfín nariz de botella
Los delfines se hablan entre
ellos mediante silbidos.

OCÉANO
ATLÁNTICO

Pardela
Se sirve de las corrientes para
planear sobre las olas.

**Medusa
aguijón malva**
Esta medusa brilla en la
oscuridad, probablemente
para atraer a sus presas.

Cachalote
Las hembras viven en grupo, pero
los machos son solitarios.

Calamar gigante
El calamar gigante tiene los ojos
más grandes del mundo animal.

Zorro rojo
Sus crías nacen con un
pelaje marrón oscuro
y ojos azules.

Gamo
Cada año, los machos
pierden sus cuernos y les
salen otros más grandes.

Caballo
Los caballos se tumban a veces
para dormir, pero pueden
hacerlo también de pie.

Ardilla roja
La ardilla roja usa la cola
para equilibrarse cuando
salta entre los árboles.

Tejón
Los tejones
viven en galerías
subterráneas.

PAISAJE
EUROPEO

Garza real
El pico de la garza cambia
de verde en invierno a
naranja en primavera.

Lechuza
Las lechuzas tienen la cara
redonda, lo que las ayuda a dirigir
el sonido a sus oídos.

Ratón espiguero
Es el más pequeño de los
roedores europeos.

DESIERTO
DEL
SAHARA

Golondrina
Las golondrinas suelen volver
cada año al mismo nido.

Pato
En los días calurosos, las hembras
se ponen de pie sobre sus crías para
protegerlas del sol.

Rana común
Los machos de rana
compiten para atraer a
las hembras croando.

Libélula emperador
Las libélulas baten sus alas
unas 20 veces por segundo.

Mosca de ribera
Ponen en el agua sus huevos, que se
convierten en gusanos acuáticos.

Ñu

Los ñus viven en grandes manadas.

Jirafa masái

Las jirafas alcanzan las hojas más altas, pero les cuesta agacharse para beber.

Gacela de Grant

La gacela de Grant protege su territorio con su cornamenta.

Panda rojo

Los pandas rojos se comunican haciendo unos gritos muy estridentes.

Faisán dorado

El faisán dorado macho despliega las plumas del cuello para atraer a las hembras.

PRADERAS DEL SERENGUETI

León

Las leonas de una misma manada cazan en grupo.

Cebra de Grant

Cada cebra tiene su propio patrón de rayas.

Leopardo longibando

Puede colgarse boca abajo de una rama asiéndose con sus garras traseras.

Babuino

Los babuinos viven en grandes grupos.

Hiena moteada

Las fuertes mandíbulas de la hiena moteada pueden quebrar huesos.

Papamoscas de David

Solo los machos tienen un plumaje colorido. Las hembras son marrones con una pequeña mancha azul en el cuello.

Leopardo de Amur

Los leopardos de Amur se envuelven en su cola peluda para estar calientes.

Lobo

En las zonas más al norte pueden ser blancos por completo y confundirse con la nieve.

Búho real

Las suaves plumas de los búhos amortiguan el sonido de sus alas.

TAIGA SIBERIANA

Liebre de montaña

La liebre de montaña corre en zigzag para desorientar a sus depredadores.

Oso pardo

Los osos pueden comer miles de polillas en un solo día.

Ciervo almizclero

Los machos tienen colmillos afilados, pero los usan para pelear y no para comer.

Ardilla de Siberia

La ardilla de Siberia almacena frutos secos bajo tierra para el invierno.

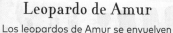

BOSQUE DE BAMBÚ

Panda gigante
Sus garras tienen huesos especiales que los ayudan a agarrar el bambú.

Langur chato dorado
La llamada de estos monos recuerda el llanto de un bebé.

Cálao bicorne
El pico del cálao es tan grande que tiene que lanzar la comida al aire para comerla.

Gibón de manos blancas
Estos gibones comienzan el día llamándose unos a otros con fuertes gritos.

Ciervo ratón
Este pequeño ciervo es el animal con pezuñas más pequeño del mundo.

Pangolín
Cuando el pangolín se siente amenazado, se enrosca como una pelota o huye corriendo.

Pitón reticulada
La pitón reticulada es la serpiente más larga del mundo.

Leopardo
Este felino nada muy bien, y pesca peces para alimentarse.

Oso malayo
El oso malayo es la especie de oso más pequeña de todas.

BOSQUE SECO ASIÁTICO

Cocodrilo siamés
Esta es una de las especies de cocodrilo más amenazadas del mundo.

Sambar
El sambar es menos sociable que otros ciervos. Vive en pequeños rebaños.

Elefante asiático

Los elefantes son los animales terrestres más grandes, pero los asiáticos son más pequeños que los africanos.

ARRECIFE DE CORAL

Tiburón de arrecife de punta blanca
Este tiburón nocturno se refugia en una cueva submarina durante el día.

Pez cirujano
iene dientes muy afilados ara mordisquear las algas.

Pez ángel emperador

Estos peces nacen con escamas circulares que se convierten en líneas rectas a medida que envejecen.

Laticauda colubrina
Estas serpientes marinas son muy venenosas, pero casi nunca muerden a las personas.

Tortuga verde
La tortuga verde pone unos 150 huevos cada vez.

Dugongo
Al dugongo se lo conoce también como vaca marina, pues se alimenta de algas.

Pez payaso
El pez payaso vive entre las anémonas, que con sus picaduras lo protegen de sus depredadores.

ANTÁRTIDA

Pingüino adelaida
Los pingüinos adelaida agitan las alas para propulsarse a través del agua al nadar.

ÍNDICE

DK Penguin Random House

Escrito por Derek Harvey
Ilustrado por Charlotte Pepper
Editado por Hélène Hilton, James Mitchem
Diseñado por Charlotte Bull
Edición ejecutiva Penny Smith
Edición ejecutiva de arte Mabel Chan
Preproducción Dragana Puvacic
Producción Inderjit Bhullar
Documentación iconográfica Sakshi Saluja
Diseño de cubierta Elle Ward
Coordinación de cubierta Issy Walsh
Dirección de publicaciones Sarah Larter
Dirección creativa Helen Senior

Servicios editoriales Tinta Simpàtica
Traducción Anna Nualart

Publicado originalmente en Gran Bretaña en 2019 por
Dorling Kindersley Limited
DK, One Embassy Gardens, 8 Viaduct Gardens, London, SW11 7BW
Parte de Penguin Random House

Título original: *Through the Animal Kingdom*

Primera reimpresión: 2021

ISBN: 978-1-4654-9763-5

Impreso y encuadernado en China

Para mentes curiosas

www.dkespañol.com

Sobre el autor

Derek Harvey es un naturalista cuyos intereses se han centrado principalmente en el campo de la biología evolutiva. Estudió zoología en la Universidad de Liverpool, ha sido profesor de toda una generación de biólogos y ha dirigido expediciones de estudiantes a Costa Rica, Madagascar y Australasia. Entre sus libros están *Ciencia. La historia visual definitiva* y *The Natural History Book*, ambos publicados por DK.

Sobre la ilustradora

Charlotte Pepper se graduó en diseño, y en los últimos 20 años, su carrera ha estado centrada principalmente en la industria de las postales de felicitación, aunque recientemente se ha adentrado también en el mundo de la ilustración editorial. A Charlotte le gusta trabajar en una gran variedad de temas, como sus extravagantes personajes y paisajes. ¡No hay nada que le guste más que trabajar con la técnica del *collage*!

Agradecimientos

Los editores agradecen a los siguientes su permiso para la reproducción de sus fotografías:

Clave: a = arriba; b = abajo, debajo; c = centro; e = extremo; i = izquierda; d = derecha; s = superior.

1 naturepl.com: Lynn M Stone (cb). 2 123RF.com: gropgrop (bi). 4 123RF.com: gropgrop (bi). Alamy Stock Photo: All Canada Photos (cda); Chris Wallace (cib). 4-96 Dreamstime.com: Edurivero (All Folio). 5 Alamy Stock Photo: All Canada Photos (cdb). FLPA: Jasper Doest (c). 6 Alamy Stock Photo: Arco Images GmbH (b); Blickwinkel (cd). Dreamstime.com: Iakov Filimonov (cia); Horia Vlad Bogdan / Horiabogdan (cda). 7 Alamy Stock Photo: Danita Delimont Creative (b). iStockphoto.com: Jupiterimages (c). 8 123RF.com: Michael Lane (b). 8-9 123RF.com: Atiketta Sangasaeng (s). 10 123RF.com: gropgrop (bi). 11 Alamy Stock Photo: Panther Media GmbH. 12 iStockphoto.com: Moose Henderson. 13 Dreamstime.com: Holly Kuchera (b). 14 Alamy Stock Photo: Raymand Hennessy (c). Dreamstime.com: Musat Christian (bi); Szczepan Klejbuk (ci); Lillian Tveit (bd). 15 Alamy Stock Photo: Design Pics Inc (cib). Dreamstime.com: Haunterofthewoods (cdb); Geoffrey Kuchera (bd). 16 123RF.com: gropgrop (bi). 16-17 FLPA: Tui De Roy / Minden Pictures (c). 17 iStockphoto.com: joegolby (sd). 18-19 SuperStock: Minden Pictures (cb). 18 Alamy Stock Photo: GFC Collection (cd). Dreamstime.com: Burt Johnson (ecd). naturepl.com: Tui De Roy (cb). 19 Dreamstime.com: Doethion (c); Misha Shiyanov / Kertis (b). iStockphoto.com: guenterguni (ci); kellington1 (cb); shalamov (cdb). 20 Alamy Stock Photo: Arco Images GmbH (bc). 20-21 naturepl.com: Tui De Roy. 21 naturepl.com: Ole Jorgen Liodden (ca). 22 123RF.com: gropgrop (bi). Dreamstime.com: Hotshotsworldwide (cd); Nejron (ci); Jens Stolt / Jpsdk (cdb, si). iStockphoto.com: Passakorn_14 (c); totto927 (cda). 23 Dreamstime.com: Isselee (cia); Nejron (cda, c). iStockphoto.com: Passakorn_14 (cia/Macaw, cda/Macaw); totto927 (sc). 24-25 Alamy Stock Photo: Design Pics Inc. 26 Alamy Stock Photo: Oyvind Martinsen-Panama Wildlife (c). Dreamstime.com: Jens Stolt / Jpsdk (cb). iStockphoto.com: amite (ci); Toa55 (sd); T.Holman (sc). Robert Harding Picture Library: Michael Nolan (cda). 27 Alamy Stock Photo: Amazon-Images MBSI (c); Danita Delimont (sc). Dreamstime.com: Jens Stolt / Jpsdk (si, bi, cdb). SuperStock: Thomas Marent / Minden Pictures (cia); Pete Oxford / Minden Pictures (cib, cib); Pete Oxford / Minden Pictures (cib, cib). 28 Alamy Stock Photo: Renato Granieri (si). Dreamstime.com: Jens Stolt / Jpsdk (cia); Minaret2010 (sc, b). iStockphoto.com: kikkerdirk (cb). 29 Alamy Stock Photo: imageBROKER (sd). Dorling Kindersley: Gary Ombler (cd). Dreamstime.com: Outdoorsman (si); Jens Stolt / Jpsdk (ca); Cherdchai Chaivimol (bc). 30 123RF.com: gropgrop (bi). Alamy Stock Photo: Michael Sannwald (ca). 31 Alamy Stock Photo: imageBROKER (c). FLPA: Daniele Occhiato / Minden Pictures (sd). naturepl.com: Richard Robinson (b). 32-33 Alamy Stock Photo: Nature Picture Library. 34 Alamy Stock Photo: Nature Picture Library (s). 36 123RF.com: gropgrop (bi). 37 Alamy Stock Photo: Mike Lane. 38 Alamy Stock Photo: Jamethyst-Photography (bi). Dreamstime.com: Joey Swart (ci). iStockphoto.com: Kaphoto (cda). 39 Depositphotos Inc: Menno Schaefer (ca). 40-41 Alamy Stock Photo: Paul Gadd. 42 123RF.com: Ewastudio (cda). Dreamstime.com: Jochenschneider (cib); Ondřej Prosický (c); Fernando Rico Mateu (cd). iStockphoto.com: Gemredding (cia). 43 Depositphotos Inc: Sombra12 (cda). Dreamstime.com: Mbridger68 (bc); Wrangel (c). 44 123RF.com: gropgrop (bi). Alamy Stock Photo: David Tipling Photo Library (cia, cd); Sander Meertins (ca). 45 Alamy Stock Photo: imageBROKER (c). 46 Alamy Stock Photo: PJR. Fotolia: Yong Hian Lim (sc). 47 Fotolia: Yong Hian Lim (sc). 48 123RF.com: gropgrop (bi). 48-49 iStockphoto.com: HendrikDB. 50-51 Alamy Stock Photo: Martin Harvey. 52-53 Alamy Stock Photo: Martin Harvey. 54 123RF.com: mhgallery (ci). iStockphoto.com: 100 (cda); GomezDavid (cda/cebra). 54-55 Robert Harding Picture Library: Blaine Harrington. 55 123RF.com: bennymarty (cd). Dreamstime.com: Amy Harris / Anharris (c). Getty Images: Marek Stefunko (ca). iStockphoto.com: Mariusz_Prusaczyk (cdb). 56 123RF.com: gropgrop (bi). 57 Alamy Stock Photo: National Geographic Image Collection (bd). 58-59 naturepl.com: Suzi Eszterhas. 60 naturepl.com: Lynn M Stone (cb). 62 Alamy Stock Photo: Hemis (bi); Earnest Tse (cdb). Dreamstime.com: Isselee (cd). 63 Alamy Stock Photo: Tierfotoagentur (c). Dreamstime.com: Phichak Limprasutr (bd); Thorsten Nilson (sc). Fotolia: Eric Isselee (cd). 64 123RF.com: gropgrop (bi). Dorling Kindersley: Jerry Young (c). Dreamstime.com: Scattoselvaggio (cb); Aleksey Suvorov (cdb). 65 Alamy Stock Photo: Zoonar GmbH (bd). Dreamstime.com: Alvinge (sc); Daria Rybakova / Podarenka (ci). 66-67 123RF.com: Ruslan Nassyrov. Alamy Stock Photo: Perreten Ursula (b). FLPA: Sergey Gorshkov / Minden Pictures (s). 67 Alamy Stock Photo: Zoonar GmbH (bd); Rebecca Jackrel (i). 68-69 Alamy Stock Photo: Nature Picture Library. 71 Alamy Stock Photo: Zoonar GmbH (cd). 72 123RF.com: gropgrop (bi). Alamy Stock Photo: Arco Images GmbH (c). Dreamstime.com: Caglar Gungor (cdb). iStockphoto.com: Bennymarty (cib). 73 Alamy Stock Photo: Holger Ehlers (cia). Dreamstime.com: Puwadol Jaturawutthichai (sd);

Pu Sulan (c). iStockphoto.com: 2630ben (b). 74-75 Dreamstime.com: Panom Bounak. 74 Dreamstime.com: Pu Sulan (ci). iStockphoto.com: Kajornyot (cda); thousandlies (b). 75 iStockphoto.com: Kajornyot (bd). 76-77 Alamy Stock Photo: Arterra Picture Library. 78 123RF.com: gropgrop (bi). Dreamstime.com: Polina Ryazantseva (cda). 79 123RF.com: Wasanti Meethong (ci). Dreamstime.com: Polina Ryazantseva (ca/cría de tortuga marina). Alamy Stock Photo: Avalon / Photoshot License (ci); Adrian Hepworth (ca). Dreamstime.com: Polina Ryazantseva (cib). 80 Dorling Kindersley: Linda Pitkin (cb). Dreamstime.com: Antos777 (ci). naturepl.com: Jurgen Freund (sd). 81 Alamy Stock Photo: WaterFrame (s). Dreamstime.com: Fenkie Sumolang / Fenkieandreas (c). naturepl.com: Jurgen Freund (cdb). 82-83 Getty Images: M.M. Sweet. 84 123RF.com: gropgrop (bi). 84-85 Alamy Stock Photo: Johner Images. 85 Getty Images: Nigel Pavitt (bd). 86-87 naturepl.com: Kevin Schafer. 88 123RF.com: jager (sd); Michael Lane (c). Alamy Stock Photo: All Canada Photos (ca); Blickwinkel (cd). Dreamstime.com: Iakov Filimonov (ci); Burt Johnson (cb). iStockphoto.com: guenterguni (cdb); kellington1 (ecdb). naturepl.com: Tui De Roy (bc). 89 Alamy Stock Photo: Design Pics Inc (cd). Dreamstime.com: Musat Christian (ci); Szczepan Klejbuk (ca); Misha Shiyanov / Kertis (cb/iguana). iStockphoto.com: Moose Henderson (sc). naturepl.com: Ole Jorgen Liodden (cdb); Tui De Roy (cb). SuperStock: Minden Pictures (cib). 90 Alamy Stock Photo: Amazon-Images MBSI (c); Danita Delimont (si); imageBROKER (sd); Oyvind Martinsen-Panama Wildlife (ca/perezoso de tres dedos). Dorling Kindersley: Gary Ombler (cdb). Dreamstime.com: Outdoorsman (sc/serpiente); Nejron (ca, cda); Isselee (cd); Jens Stolt / Jpsdk (c/mariposa); Cherdchai Chaivimol (bd). iStockphoto.com: kikkerdirk (cib); T. Holman (bi). Robert Harding Picture Library: Michael Nolan (bc). SuperStock: Pete Oxford / Minden Pictures (sc); Thomas Marent / Minden Pictures (c). 91 Alamy Stock Photo: imageBROKER (si); Nature Picture Library (ca); Sander Meertins (cb). Depositphotos Inc: Menno Schaefer (cda). Dreamstime.com: Jochenschneider (bc); Wrangel (ca/ciervo); Joey Swart (ca/caballo); Ondřej Prosický (ci); Fernando Rico Mateu (cib); Mbridger68 (b). FLPA: Daniele Occhiato / Minden Pictures (sc). iStockphoto.com: Kaphoto (cd). 92 123RF.com: bennymarty (ciä); mhgallery (ecia). Alamy Stock Photo: Zoonar GmbH (cib); Tierfotoagentur (cda/leopardo); Earnest Tse (cd). Dorling Kindersley: Jerry Young (cb). Dreamstime.com: Alvinge (cdb); Amy Harris / Anharris (sc); Thorsten Nilson (ca); Phichak Limprasutr (cda); Scattoselvaggio (cib/liebre de montaña); Daria Rybakova / Podarenka (cb/oso); Aleksey Suvórov (cb/ciervo). iStockphoto.com: Mariusz_Prusaczyk (ci). Robert Harding Picture Library: Blaine Harrington (si, ca). 93 Alamy Stock Photo: Arco Images GmbH (ca); Hemis (cia/mono); Holger Ehlers (cd); WaterFrame (cb/dugongo). Dorling Kindersley: Linda Pitkin (cib). Dreamstime.com: Antos777 (cb); Isselee (cia); Puwadol Jaturawutthichai (sc/gibón); Caglar Gungor (ca/ciervo); Pu Sulan (ecd); Fenkie Sumolang / Fenkieandreas (cb/serpiente marina). Getty Images: M. M. Sweet (bi). iStockphoto.com: 2630ben (c); Kajornyot (sc, cda); thousandlies (ecda); Bennymarty (ca/pitón). naturepl.com: Kevin Schafer (bd). 96 Alamy Stock Photo: Martin Harvey

Imágenes de la cubierta: Cubierta frontal: Alamy Stock Photo: Zoonar GmbH b; Contracubierta: Alamy Stock Photo: Zoonar GmbH b

Resto de las imágenes: © Dorling Kindersley.
Para más información ver: www.dkimages.com

DK quiere agradecer a

Becky Walsh, por su asistencia editorial, Eleanor Bates, Romi Chakraborty, Rachael Hare, Katie Knutton, Bettina Myklebust Stovne y Brandie Tully-Scott por su asistencia en el diseño, Helen Peters por la preparación del índice, y Tom Morse por su ayuda con la maquetación.